Couverture inférieure manquante

Début d'une série de documents en couleur

-LOIRE.

RT
DE L'ARCHIVISTE

DU DÉPARTEMENT DE SAONE-&-LOIRE

Sur le service des Archives départementales,
communales et hospitalières

PENDANT L'EXERCICE 1883-1884.

MACON
IMPRIMERIE DE L'UNION RÉPUBLICAINE. — L. CHOLLAT.
1884

RÉPUBLIQUE FRANÇAISE.

DÉPARTEMENT DE SAONE-ET-LOIRE.

RAPPORT

DE L'ARCHIVISTE

DU DÉPARTEMENT DE SAONE-&-LOIRE

Sur le service des Archives départementales,
communales et hospitalières

PENDANT L'EXERCICE 1883-1884.

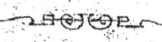

MACON
IMPRIMERIE DE L'UNION RÉPUBLICAINE. — L. CHOLLAT.

1884

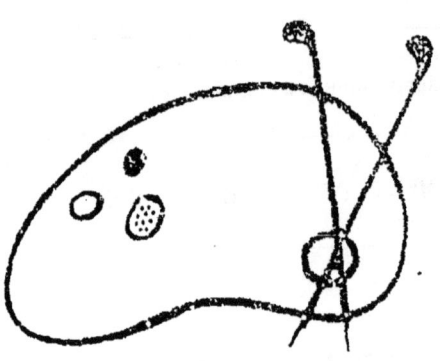

Fin d'une série de documents en couleur

A Monsieur Léopold Delisle
hommage respectueux
A.D.

RAPPORT

DE L'ARCHIVISTE

DU DÉPARTEMENT DE SAONE-&-LOIRE

Sur le Service des Archives départementales,
communales et hospitalières

PENDANT L'EXERCICE 1883-1884.

MACON
IMPRIMERIE DE L'*UNION RÉPUBLICAINE*. — L. CHOLLAT.

1884

RÉPUBLIQUE FRANÇAISE.

DÉPARTEMENT DE SAONE-ET-LOIRE.

CONSEIL GÉNÉRAL

SESSION D'AOUT 1884

RAPPORT DE L'ARCHIVISTE DU DÉPARTEMENT

SUR LE SERVICE DES ARCHIVES DÉPARTEMENTALES, COMMUNALES ET HOSPITALIÈRES.

Mâcon, le 1ᵉʳ juillet 1884.

Monsieur le Préfet,

En conformité de l'article 4 du règlement général en date du 6 mars 1843 et de la circulaire ministérielle du 23 juin 1875, j'ai l'honneur de vous adresser mon rapport annuel sur le service des Archives départementales, communales et hospitalières, du 1ᵉʳ juillet 1883 au 30 juin 1884.

I

Local.

A la dernière session budgétaire, le Conseil général a renouvelé ses observations précédentes « sur la nécessité de garantir le plus « tôt possible le local des archives des risques d'incendie qui le « menacent », et sur l'utilité de proscrire toutes réunions étrangères aux séances du conseil, notamment les sessions d'examens de l'instruction primaire. La dépêche ministérielle du 10 janvier 1884 a également appelé l'attention de l'administration « sur l'inconvénient « que prête l'affectation d'une pièce des archives à la soutenance « de divers examens périodiques. » Aucune modification n'a été apportée aux errements signalés.

L'installation matérielle des bureaux de la division des archives n'est pas sans être bien insuffisante, tant pour le service que pour les communications.

II.

RÉINTÉGRATIONS, DONS ET ACQUISITIONS.

1 *Réintégrations.*

Archives communales et évêché d'Autun. — J'ai terminé pendant cet exercice le classement par fonds de la réintégration effectuée l'an dernier des documents ecclésiastiques et féodaux conservés à la mairie et à l'évêché d'Autun. Voici le résumé sommaire des fonds qui ont si heureusement accru nos collections historiques.

Série A. — Famille royale et domaine royal. 1 registre, 1 liasse.

Série B. — Justices royales et seigneuriales, entre autres : Autun, Champchanoux, Chazeu, Cheilly, Ciry-en-Charollais, Couches, Curgy, Dinay, Dracy-Saint-Loup, Epinac, Glenne, Grosme et Montholon, Huilly et Allerey, Loges, Lucenay, Manlay, Meloisey, Mesvres, Montjeu, Nailly, Perreuil, Saisy, Saint-Andoche, Saint-Jean-le-Grand, Saint-Martin d'Autun, Saint-Nicolas de la Prée, Saint-Symphorien d'Autun, Sussey, Thil-sur-Arroux, Thury, Touillon. 303 registres, 36 liasses.

Série C. — Subdélégations et bureaux de finances. 3 registres, 2 liasses.

Série D. — Collège d'Autun et prieuré uni de Couches. 86 registres, 17 liasses.

Série E. — Titres féodaux : Seigneurie des Bornes, baronnie de Brandon, s^{ie} du Breuil, s^{te} de Chazeu, s^{te} de Chaumont, s^{te} de Cheilly, baronnie de Couches, comté d'Epinac, seigneurie de Loges, puis Morlet, s^{te} de Marey, s^{te} de Montaugey, s^{te} de Montholon, s^{te} de la Perrière, s^{te} de Perrigny, s^{te} de Ramilly, comté de Roussillon, seigneurie de Saint-Vallier, etc. Titres de famille : Arthault, Clerc, Delagoutte, Magnien de Chailly, de Montagu, de Musy, Quarré de Monay, Villedieu de Torcy, Vincent de Villazenne, etc. Notaires et confréries. 170 registres, 127 liasses.

Série G. — Evêché d'Autun. 180 registres, 259 liasses. Chapitre de l'église cathédrale d'Autun, 420 registres, 268 liasses. Grand et petit séminaires d'Autun, et Jacobines d'Autun unies, Chapitre de l'église cathédrale de Chalon, Évêché de Mâcon, Églises collégiales d'Autun, Bourbon-Lancy, Couches et Saint-Nicolas de la Prée, églises paroissiales, cures et chapelles, 83 registres, 89 liasses, 1 dossier.

Série H. — Abbayes de Cluny, Maizières, Saint-Martin d'Autun, Saint-Pierre de Chalon, Tournus ; Prieurés de Mesvres, Saint-Roch ou Saint-Racho, Saint-Sernin-du-Bois, Saint-Symphorien, Val-Saint-Benoît, Val-Saint-Georges ; Capucins, Minimes, Cordeliers d'Autun ; Abbayes de Saint-Andoche et de Saint-Jean-le-Grand d'Autun ; Prieuré de Champchanoux ; Ursulines d'Autun et de Montcenis, Visitation d'Autun, Sœurs de la Charité Saint-Lazare d'Autun, Monastères divers de femmes, Hospices de Tournus. 132 registres, 233 liasses et 2 dossiers.

Série L. — Documents relatifs à la période révolutionnaire. 5 registres, 1 liasse.

Série Q. — Biens nationaux. 1 pièce.

Au total 1383 registres, 1033 liasses, 3 dossiers et une pièce.

Greffe du Tribunal civil de Mâcon. — J'ai signalé dans mon dernier rapport la réintégration de la partie inventoriée des anciens documents judiciaires conservés au tribunal civil de Mâcon. Il restait dans les greniers du Palais de Justice une masse considérable de documents de toute nature, antérieurs à 1790, c'est-à-dire compris dans la cession, ou postérieurs à cette date, c'est-à-dire restant au tribunal. Ces documents, qui étaient entassés en monceaux dans un indescriptible désordre, ont été entièrement triés et transférés au dépôt départemental le 11 septembre 1883. Ils comprennent 145 registres et 1204 fortes liasses, provenant du bailliage de Mâcon et des justices secondaires.

Il reste à s'occuper de la translation des archives antérieures à 1790 que conservent encore les greffes d'Autun et de Chalon. Le second de ces dépôts nous a déjà versé une masse volumineuse de documents concernant les justices seigneuriales, les notaires, les insinuations ecclésiastiques ; j'espère arriver prochainement à une solution en ce qui concerne le greffe d'Autun. Le versement en serait d'autant plus désirable que l'absence de ces documents forme dans nos collections et dans notre inventaire une lacune des plus regrettables.

A côté des greffes des tribunaux de première instance, il y aura lieu d'explorer ceux des justices de paix. J'ai trouvé au greffe de Cluny un fort ballot de registres et minutes de la justice du marquisat d'Uxelles, Cormatin, Champagny et dépendances. D'après les renseignements que j'ai recueillis, ces documents auraient été trouvés sous un plancher en démolissant une maison et auraient été d'abord déposés au magasin des pompes ! A Sennecey, un placard de la salle d'audience conserve de nombreux registres et papiers des XVIIe et XVIIIe siècles provenant de la justice du marquisat de Sennecey, Saint-Julien et dépendances, de celle de Ruffey et autres. La véritable place de ces documents est aux Archives départementales, dans notre volumineuse série judiciaire B.

Bureau d'enregistrement de Mâcon. — L'exploration des bureaux d'enregistrement ne donnerait pas moins de résultats : c'est ainsi que j'ai obtenu le transfert aux Archives des documents que conservait le bureau de Mâcon (actes judiciaires). Ces titres, de 1536 à l'an II, se rapportent aux familles Berthier, Curvat, Denamps, Perrier de Marigny, Poncet, à l'église cathédrale de Saint-Vincent et à l'église collégiale de Saint-Pierre de Mâcon, aux églises paroissiales de Crèches, Laizé, Romanèche, Saint-Amour, Saint-Jean-le-Priche, Sancé et Varennes, aux abbayes de Cluny, la Ferté et Tournus, aux Bénédictines de Tournus, aux Ursulines, Visitation et Hôpital de Mâcon; à signaler particulièrement le terrier de Saint-Pierre de Mâcon, Rente noble du faubourg de la Barre, 1762, intéressant pour la topographie de ce quartier.

Archives communales. — J'ai expliqué précédemment comment l'absence de tournées d'inspection, régulières et suivies, m'empêchait d'explorer convenablement les archives communales. Je n'ai cette année à signaler que le versement de 2 registres provenant de l'administration de département et d'un registre de l'administration du district, que j'ai réintégrés des archives communales de Mâcon. J'ai été moins heureux à Cluny, mais la nature des documents est si manifestement étrangère au dépôt communal, elle complète si bien nos fonds actuellement constitués, notamment celui ou plutôt les débris de celui de l'abbaye de Cluny, cotés H. 1—23, et celui de la justice-mage, B. 1728-1849, que j'insiste à nouveau pour leur réintégration. En voici un aperçu, d'après les notes prises dans mon dernier voyage à Cluny : Terrier de la seigneurie de Gevrey-en-Montagne et dépendances, 1735. — Terrier de Bissy-sous-Uxelles, à cause de Chapaize, Chassignolles, Bissy et Uxelles, à Antoine du Blé, seigneur de Cormatin, baron d'Uxelles. — Recette manuelle du terrier de chambre abbatiale et grenier à froment de Cluny, faite en 1697. — Terrier de la châtellenie de Cortevaix, 1714. — Cartes du terrier de Givry, 1730. — Figures du terrier de Flagy. — Cartes du terrier de Cormatin, 1686. — Cartes du terrier de Cormatin, acheté en 1781 pour servir aux terriers de Lourdon, Saint-Hippolyte et Montrachet. — Cartes du terrier de Bezornay sur le finage de la Vineuse. — Rentes du terrier de Marnay. — Testament d'Anne de Corgerion, dame de Belcastel et d'Hannet, 1420. Rouleau parchemin. — Expédition de la pragmatique-sanction de Charles VII, 1438, portant la cote d'écriture si caractéristique qui prouve clairement sa présence dans le chartrier de l'abbaye. — Documents concernant le doyenné de Lons-le-Saunier : « Ce sont les « muaiges des blez deuz à l'église en la ville de Lihons l'an mil « CCCIIII ˣˣ et treze, » etc. ; comptes divers des XIVᵉ XVᵉ et XVIᵉ siècles, parmi lesquels le compte fait et rendu par *Jehan le Grant*, des rentes, revenus et possessions du doyenné, pour une année finissant à la Saint-Remy 1405, les comptes rendus par les principal et recteur du collège de Dôle au grand prieur de Cluny, de 1550 à 1565, etc. — Plans géométraux de la ville de Cluny et des environs, avec les cartes de la rente noble abbatiale dudit lieu. — Pièces provenant de la justice-mage de Cluny, audiences, jugements de police, mercuriales, administration de biens, tutelles de mineurs (J'ai constaté quelques disparitions). — Délibérations, comptes et titres divers des églises N.-D. et Saint-Mayeul de Cluny.

Je dois réclamer également aux Archives de la Côte-d'Or 3 pièces de la collection Baudot qu'elles ont revendiquées et reçues l'an dernier, et qui sont ainsi désignées dans le dernier rapport de mon collègue de ce département (cf. Rapport du Préfet et documents annexes pour la session du Conseil général de la Côte-d'Or, août 1883, page 254) : *Abbaye de Cluny*. Accord de l'abbé avec les habitants. Sentence d'excommunication contre les fauteurs de violences contre l'abbaye, au sujet de la juridiction (1206-1330). *Abbaye de Tournus*. Confirmation des privilèges par le pape Innocent II (1137). — Ces documents, qui ont autrefois fait partie des chartriers de Cluny et de Tournus (cf. par ex. le grand inventaire de Cluny du XVIIᵉ siècle H. 22) appartiennent aux archives de Saône-et-Loire, comme mon collègue de la Côte-d'Or l'a reconnu, et ne sauraient à aucun titre prendre place dans les collections de ce dernier département. J'en demande donc la restitution à notre dépôt. — En dehors de cette première réintégration, les archives de la Côte-d'Or ont été ultérieurement mises en possession d'une seconde série de documents provenant de la même collection (cf. Conseil général de la Côte-d'Or, avril 1884. Rapport, p. 34. Délibérations, pp. 42 et 43). La désignation de ces pièces n'étant pas donnée, j'ignore s'il s'en trouve qui nous appartiennent comme les trois sus-mentionnées.

Distractions. — Nous avons adressé : 1º aux archives de la Côte-d'Or, un cartulaire de Saint-Etienne de Dijon, complètement étranger à notre département ; 2° à celles de l'Oise la minute du rapport du Préfet au Conseil général de ce département pour l'année 1825. — Un petit nombre de documents non inventoriés de l'ancien fonds paraissent appartenir exclusivement aux départements de l'Ain et de la Côte-d'Or. Il y aurait lieu d'en soumettre la liste à l'examen approbatif du ministère.

2. *Dons.*

De M. Lacroix père : Mémoire pour Jean Mailly, architecte et entrepreneur de St-Laurent-lès-Mâcon, demandeur et accusateur, à lui joint le procureur fiscal de la justice-mage de Cluny, contre Guillaume Courtois, journalier de Berzé-la-Ville, détenu dans les prisons de Cluny. In-4° de 48 pages, imprimé à Bourg, chez la veuve Besson, 1781. Nous possédons dans la série B d'autres documents relatifs à cette assez curieuse affaire de *chantage*.

De M. Quantin, ancien archiviste de l'Yonne : Charte de franchises accordée aux habitants de Louhans par Henri d'Antigny en 1269. Belle copie du XIIIe siècle formant un cahier de 16 feuillets, parchemin, avec rubriques et initiales. Cette copie contemporaine a servi à l'édition donnée par M. Canat dans ses *Documents inédits pour servir à l'histoire de Bourgogne*, t. I (1863) pp. 93-119; elle a d'autant plus d'intérêt que l'original (ou prétendu tel), autrefois conservé à la mairie de Louhans, a disparu, et n'a pu être retrouvé après de nouvelles recherches exécutées cette année, conformément aux instructions du Ministère de l'Intérieur.

Enfin, j'ai donné 11 pièces de procédures du bailliage de Mâcon, de 1724 à 1731, rencontrées et acquises par hasard.

3. *Acquisitions.*

Il n'existe au budget aucun crédit sous la rubrique : « Acquisitions « de documents concernant les archives . »

III.

VERSEMENTS DE PAPIERS ADMINISTRATIFS.

Cabinet. 4 février 1884. — 10 paquets de documents divers et registres (sans compter les versements mensuels de journaux et imprimés).

1re *Division* (secrétariat), 4 avril 1884. — 131 liasses.

2e *Division* (administration communale), 6 juillet et 29 août 1883, 15 avril 1884. — 178 liasses et 1,333 dossiers.

3e *Division* (Finances et travaux publics), 8 septembre 1883. — 33 registres, 45 liasses.

Trésorerie générale. — 20 paquets.

Commission de météorologie. — 2 liasses, 15 volumes, 3 cartes.

IV.

VENTE DE PAPIERS INUTILES.

M. le Ministre de l'Instruction publique, par décision du 16 juin, a autorisé la suppression des papiers inutiles sur laquelle le Conseil a donné un avis favorable dans sa séance du 22 avril dernier. La vente s'effectuera prochainement ; elle portera sur 1,084 registres et 2,279 cahiers de la série P, au profit de l'Etat, et sur 105 registres et 950 liasses des séries M, N, O, P, R, S, U, X et Y, au profit du département.

V.

CLASSEMENTS.

1. *Archives historiques.*

J'ai donné plus haut (chapitre des réintégrations) l'état du classement des documents d'Autun ; après un long travail commencé sous le précédent exercice, continué et achevé pendant cette année, cette volumineuse collection, qui remplit de nombreux rayons, est maintenant entièrement classée par fonds. Le classement définitif de chaque fonds en particulier s'exécute au fur et à mesure de l'inventaire : il a porté cette année sur ceux du collège et de l'évêché. Un certain nombre de pièces, provenant des réintégrations ou du classement des fonds modernes, ont été, en outre, réparties entre les séries et les dossiers du supplément auxquels elles se rapportent.

2. *Archives administratives.*

Le classement *général* des archives administratives a été terminé cette année. Ce travail ne saurait être, en toutes ses parties, définitif, car ce n'est pas en trois ans qu'on improvise l'organisation totale d'un dépôt de cette importance : il reste donc encore bien des travaux à exécuter, des perfectionnements à introduire, des sections à remanier, des liasses à reprendre, des tables à dresser, des concordances et des renvois à établir ; les archives n'en sont pas moins aujourd'hui sorties du regrettable désordre qui régnait il y a 3 ans, et les recherches, parfois longues encore, sont maintenant possibles et sûres.

Voici en résumé les travaux accomplis cette année :

Le classement des séries L et Q, prescrit par la circulaire de 1874, n'avait pas été exécuté. Le groupement des papiers qui s'y rapportent, autrefois épars dans tout le dépôt, étant terminé, le classement a été commencé par la série Q, si importante au point de vue des intérêts de propriété (biens nationaux) et où cependant, par suite de l'entassement désordonné des pièces et des cahiers, toute recherche était impossible. On a établi la concordance avec un ancien inventaire des registres et de quelques liasses, insuffisant malheureusement et incomplet. Un premier classement a été fait des très nombreuses pièces qui n'y figurent pas, en attendant l'inventaire qu'il sera nécessaire de rédiger à nouveaux frais. La série Q actuellement constituée se compose de 400 registres et 416 liasses, savoir : Biens nationaux : Soumissions d'acquérir, ventes, homologations des ventes, comptes des adjudicataires et déclarations des débiteurs 355 registres ; Emigrés, listes générales, certificats de résidence, pétitions et divers, 39 registres ; Biens nationaux : instructions, correspondances et divers, 22 liasses ; estimations, inventaires et ventes, 275 liasses ; émigrés, 43 liasses ; droits féodaux, 5 liasses ; contentieux et arrêtés, 21 liasses ; pétitions, 9 liasses. — Biens cédés à la caisse d'amortissement, 10 liasses.—Enregistrement et domaines, bâtiments de l'Etat, édifices diocésains, école de Cluny, etc., 31 liasses et 6 registres.

La série L, si importante au point de vue historique, puisqu'elle contient les papiers de l'époque révolutionnaire (1790-1800), va être incessamment entreprise. Durant le cours du dernier exercice, 14 registres et 18 liasses, provenant du classement des derniers fonds modernes et de la réintégration des archives communales de Mâcon, y ont été réunis.

Série N. Les documents relatifs au Conseil général et aux Conseils d'arrondissement ont été remaniés et définitivement classés. Ils comprennent : les premiers, 54 liasses et 8 registres, plus une collection des délibérations imprimées, formant 82 volumes ; les seconds, 21 liasses ; ils vont de l'an VIII à 1878.

La série des pièces relatives aux bâtiments départementaux, où il reste quelques modifications à introduire, comprend 47 liasses et 3 dossiers isolés, relatifs à l'hôtel et au mobilier de la Préfecture, aux archives départementales, à l'école normale d'instituteurs de Mâcon, à l'asile départemental, aux Sous-Préfectures, palais de justice et prisons, bâtiments mixtes, architecte, etc.

Il ne reste plus, pour terminer définitivement le classement de la série N, qu'à achever le remaniement commencé des liasses de la comptabilité départementale.

Séries O et X. Les comptes des 378 communes des arrondissements d'Autun, Chalon et Charolles et des 26 premières communes de l'arrondissement de Louhans (jusqu'à et y compris Flacey-en-Bresse), entassés sur les rayons de la salle B, ont été classés et mis en liasses, par ordre de localités d'abord, de dates ensuite. Il a été ainsi formé 2,366 fortes liasses. Les comptes remontant à plus de 30 ans ont été mis à part pour être supprimés après examen et triage. Le même travail de classement a été exécuté pour tous les bureaux de bienfaisance, et a donné 418 liasses ; il avait été terminé l'an dernier pour les comptes des hôpitaux.

Série P. Les rôles des contributions des communes de l'arrondissement de Mâcon ont été classés par localités et par dates ; conformément aux instructions, ceux qui avaient plus de 30 ans de date ont été mis à part pour être supprimés. Les registres à souche des 20 perceptions

— 13 —

de l'arrondissement, entassés au hasard dans les bas de rayons vacants de la salle C, ont été classés en 249 paquets enliassés comprenant 2,143 registres.

En outre, 114 registres et 1,215 liasses de séries K, M, N, O, P, R S, T, U, V, X et Y ont été constitués et classés (le détail allongerait sans intérêt ce rapport), et de nombreuses intercalations ont été nécessitées par les versements.

VI.

RÉDACTION ET IMPRESSION DE L'INVENTAIRE DES ARCHIVES ANTÉRIEURES A 1790.

L'inventaire sommaire du dépôt départemental a porté cette année sur les séries D et G.

J'ai cru devoir interrompre l'inventaire de la série H pour m'occuper, on comprend dans quel but, de celui des documents autunois réintégrés pendant le dernier exercice. Avant d'inventorier la série G, la plus importante en raison des fonds volumineux et si intéressants de l'évêché et du chapitre, je me suis occupé du fonds du collège, de manière à en permettre ultérieurement la publication avec les 28 feuilles 1/2 de la série C, dont 26 sont distribuées depuis longtemps, et auxquelles seront faites des additions.

Série D.

L'inventaire de la série D, publié en 1877 avec celui de la série E, telle qu'elle était alors constituée, comprenait 30 articles. La réintégration autunoise et les documents omis à l'inventaire de l'ancien fonds ont fourni la matière de 210 articles, cotés D. 31-240.

Collège d'Autun.

Le fonds du collège d'Autun se compose de 2 parties nettement distinctes, le fonds du collège, subdivisé en ceux du collège d'Autun et du collège d'Arnay-le-Duc, et le fonds du prieuré uni de Couches.

1º *Collège d'Autun.*

Le fonds du collège proprement dit se compose de 38 articles, cotés D. 31-68. C'est une collection peu importante et qui devra être soigneusement complétée, pour une étude sérieuse sur l'histoire de cet établissement, par les documents conservés aux archives communales d'Autun, par les fonds des archives départementales (1), principalement celui du chapitre cathédral, et aussi par les archives du collège d'Autun qui ont conservé, j'ignore de quelle manière, indûment d'ailleurs, un registre *Livre du collège d'Autun, des prêtres de l'Oratoire, commencé le* 13 *novembre* 1786, et d'autres documents antérieurs à 1790 (Cf. le collège d'Autun sous les Oratoriens, par E. Roux. Mémoires de la Société Eduenne, t. VI, pp. 9, 20, 21, 23-28, 33, 35, 39, 40, 42-45, 51, 52 et 64).

Nos documents concernent : l'établissement du collège par lettres patentes de Henri IV, d'août 1608, en faveur des Jésuites ; — l'établissement de la congrégation de l'Oratoire, par lettres patentes de Louis XVI, de 1786 ; — les registres de vœux, actes de profession et vêtures, des Jésuites, de 1716 à 1762 ; — les inventaires dressés en 1763, lors de l'expulsion des Jésuites, et en 1790-1791 ; — les états, descriptions et visites des biens, revenus et charges du collège au moment de la Révolution ; — la comptabilité, de 1768 à 1790 ; remarquer, dans les comptes du pensionnat, rendus par M. de Grandchamp, principal du collège, du 3 novembre 1778 au 30 août 1779, la mention de 111 l. 12 s. 8 d. pour 3 mois et 20 jours de la pension de « Mʳ Neapoleonne de Bounaparte », ainsi que les paiements pour son frère Joseph (cf. pour ce dernier les comptes des années suivantes) ; — les titres de rentes constituées au profit du collège sur les particuliers, la province, le Clergé de France, de 1435 à 1791 ; la prébende préceptoriale du chapitre de l'église cathédrale d'Autun, de 1571 à 1791 ; les droits sur le sel (1611), et les privilèges forestiers (1326-1585) ; — les bâtiments du collège et la maison de campagne au faubourg St-Blaise d'Autun (1548-1731).

---

(1) L'ancien fonds des archives départementales conserve sous la cote D. 1 une liasse sur le collège d'Autun.

Le collège d'Arnay-le-Duc, dépendant de celui d'Autun, comprend les articles D. 69-80. — Les documents concernent : les traités entre les Jésuites et les régents d'Arnay, 6 pièces de 1684 à 1694, intéressants pour l'histoire de l'instruction en ce qui concerne la rétribution des maîtres ; — les bâtiments (1749) ; — la succession de Jean Lacurne, lieutenant criminel au bailliage d'Arnay, qui, par son testament en date du 23 avril 1631, institue les Jésuites d'Autun ses héritiers universels, en reconnaissance de son éducation, à charge d'entretenir à perpétuité en la ville d'Arnay deux régents capables et pertinents pour l'instruction de la jeunesse de cette ville en la doctrine chrétienne, bonnes mœurs et bonnes lettres : documents concernant son hoirie (1629-1645) ; procès entre les Jésuites et la ville d'Arnay qui demande l'élévation du traitement fourni aux régents (1759-1760) ; procès gagné par la ville d'Arnay en restitution des biens légués, à cause de l'expulsion des Jésuites (1764) ; titres concernant les biens légués à Arnay et environs, Bouhy, Crugey, Jonchery, et les droits provenant de lad. succession (1573-1768) ; — papiers de famille du testateur (1529-1631).

2° Prieuré de Couches uni au Collège d'Autun

159 articles, cotés D. 81-239, de 1262 à 1786 : union du prieuré au collège et relations financières avec les religieux de l'abbaye de Flavigny, dont dépendait le prieuré (1353-1750) ; archives du prieuré (1627-1644) ; sacristie (1646-1753) ; chapelles (1334-1509) ; culte (1484-1751) ; justice (1310-1758) : armoiries (1699) ; procédures (1765-1786) ; comptes (1506-1582) ; manuels (1505-1779), principalement le registre D. 158, de 192 feuillets. « Extrait abrégé du terrier du prieuré de St-George de « Couches, 1770 », résumé du terrier de 1679, qui contient un véritable inventaire des archives et de nombreuses analyses de titres ; manuels de la baronnie de Couches et de Timothée Armet (1604-1701), concernant les biens cédés au collège en 1775 ; droits seigneuriaux de pressoirs, banvin, vendanges, etc., contrôles de la dîme du vin (1262-1760) ; biens et droits (1287-1786) ; à signaler principalement les curieux documents sur les folies de Couches, récemment étudiés

par M. de Charmasse (1) ; — prieuré de la Rochepot uni au prieuré de Couches (1318-1761).

En résumé, le fonds du collège d'Autun forme 209 articles et se compose de 165 registres ou cahiers formant 8,294 feuillets, de 347 pièces, parchemin, et 889 pièces, papier, de 1262 à l'an III.

Collège de Paray-le-Monial.

Liasse de 19 pièces, de 1693 à 1756, oubliée par M. Michon dans l'inventaire de cet établissement (D. 29-30), concernant les professions et vœux des Jésuites, des marchés pour la confection d'une retable, pour réparations de l'horloge, pour la fonte de la cloche du prieuré, et des quittances.

SÉRIE G.

Évêché d'Autun.

L'ancien fonds G comprenant l'analyse des importantes archives des évêchés, chapitres, églises collégiales et paroissiales des anciens diocèses de Mâcon et de Chalon, avec quelques documents épars d'établissements du diocèse d'Autun, forme seulement 14 feuilles d'impression et 425 articles. Cette série, la plus intéressante des archives avec la série H sous le rapport de l'antiquité et de l'importance des documents, va comprendre, dans une seconde partie faisant suite à la première, les réintégrations d'Autun et les documents omis de l'ancien fonds. Elle commence par le fonds de l'évêché dont l'analyse coûtera plusieurs années de travail et dont les articles G 426-680 ont été inventoriés à ce jour. En voici l'indication sommaire :

Art. 426-442. Inventaires, de (vers) 1557 à 1768. A signaler tout particulièrement les magnifiques inventaires du spirituel, du temporel, des titres contre le chapitre, et de la régale de Lyon, rédigés

---

(1) Note sur un usage singulier qui existait autrefois à Couches, en Bourgogne. Autun, 1882, in-8° de 18 pages.

par d'Allyot, avocat en Parlement, sous l'épiscopat de M. de Roquette. Deux suppléments ont été rédigés sous l'épiscopat d'Antoine de Malvin de Montazet, ainsi qu'un inventaire des titres de fondations et dotations des chapelles domestiques; ces 3 registres furent suivis d'un inventaire des cures et maisons religieuses, en 3 volumes. — Malgré l'importance de l'inventaire d'Allyot, qui mériterait certes les honneurs de l'impression, je n'ai pas pu le suivre pour le classement du fonds, et j'ai refait un nouveau cadre.

Art. 443-446. Cartulaires : rouge, du XIIIe siècle, et vert, du XVe siècle, en 2 registres parchemin, fait par ordre du cardinal Rolin. Les documents des XIIe et XIIIe siècles transcrits dans ces précieux manuscrits ont été publiés par M. An. de Charmasse dans son *Cartulaire de l'évêché d'Autun*. Autun et Paris, 1880, in-4° de LXXVII-474 pages. Les documents des XIVe et XVe siècles ont été dépouillés par d'Allyot et des analyses ont pris part dans ses inventaires.

Art. 447-452. — Pouillés du diocèse, des XIVe et XVIIIe siècles. Celui du XIVe siècle a été publié par M. de Charmasse dans son cartulaire précité. Une des copies renferme une transcription des statuts et ordonnances synodales du diocèse, de 1449. Un pouillé d'Autun se trouve en manuscrit à la bibliothèque de cette ville.

Art. 453-472. — Documents concernant les évêques Hugues et Jean d'Arcy, Geoffroy David, Nicolas de Toulon, Antoine de Chalon, Jean Rolin, Pierre de Marcilly, Charles Ailleboust, Charles de Marcilly, Pierre Saulnier, Claude de la Magdelaine de Ragny, Louis Dony d'Attichy, Gabriel de Roquette, Charles-François d'Hallencourt de Dromesnil, Antoine-François de Blistersvich de Moncley et G. de la Valette, de 1289 à 1732.

Art. 473. — Titres concernant le pallium, du VIe siècle à 1679. La plus grande partie de ces documents, c'est-à-dire les correspondances et pièces diverses, de 1652 à 1679, étaient conservées à la mairie d'Autun.

Art. 474-479. — Confirmations pontificales et royales; bulles et brefs; conciles de Paris, de Pise et de Constance, de 1140 à 1605.

Art. 480-510. — Documents concernant les rapports et procès des évêques avec leur chapitre cathédral, de 1309 à 1748. Les volumineuses liasses des procès de l'évêque d'Attichy contiennent de curieuses lettres qui forment d'intéressants *documents humains*, dévoilant le caractère intime de l'irascible et tenace évêque. Les articles suivants montrent l'évêque de Roquette, plus habile, remplissant le programme qui avait usé sans succès les efforts de son prédécesseur (Voir l'intéressant travail de M. Pignot : *Un évêque réformateur sous Louis XIV. Gabriel de Roquette, évêque d'Autun, sa vie, son temps et le Tartuffe de Molière*. 1876, 2 vol. in-8°).

Art. 511-533. — Eglises collégiales d'Autun, Aigueperse, Avallon, Beaune, Bourbon-Lancy, Cervon, Charolles, Châtel-Censoir, Châtillon-sur-Seine, Couches, Montaguet, Montréal, Moulins, Nuits, la Prée ou d'Arcy, Saulieu, Semur-en-Brionnais, Ternant et Thil-en-Auxois, du XIIe siècle à 1792.

Art. 534-556. — Abbayes de la Bussière, Cîteaux, Chores, Flavigny, Fontenay, Lancharre, Lieu-Dieu de Beaune, Marcilly, Oigny, Reconfort, Reigny, St-Andoche, St-Jean-le-Grand et St-Martin-d'Autun, Ste-Marguerite-de-Beaune, St-Pierre-l'Etrier, St-Seine, Sept-Fonds, Vézelay, du XIIe au XVIIIe siècles.

Art. 557-578. — Prieurés d'Amanzy, Anteuil, Bar-le-Régulier, N. D. de Beaulieu, Brassy, Champchanoux, Charlieu, Charolles, Château-Chinon, Grignon, Lavernay, Marcigny, Mesvres, Perrecy, St-Christophe-de-Visengy, St-Etienne-de-Beaune, St-Germain-en-Brionnais, St-Hilaire, St-Julien-d'Autun, St-Romain-de-Chorey, St-Sernin-du-Bois, St-Symphorien d'Autun, St-Vivent-sous-Vergy, Sardy-les-Forges, Salligny, Sarrigny, Semur-en-Auxois, Varennes, de 1252 à 1782.

Art. 579-592. — Monastères d'hommes : Carmes de Moulins; Cordeliers d'Autun, Beaune, le Donjon, Vézelay; Hermites; Jésuites; Minimes de Beaune, la Guiche, Moulins, Vitteaux; Picpus de Charolles et de Digoine; Récollets de Marcigny; Templiers de Nailly, de 1301 à 1763.

Art. 593-627. — Monastères de femmes : Bernardines de Moulins; Carmélites de Châtillon-sur-Seine; Clarisses de Charolles et de Moulins; Dominicaines et Jacobines d'Autun, Beaune et Semur-en-Auxois; Hospitalières d'Autun et Moulins ; Sœurs de la Croix de Moulins; Ursulines d'Arnay-le-Duc, Autun, Avallon, Beaune, Bourbon-Lancy, Corbigny, Flavigny, Marcigny, Montbard, Montcenis,

Moulins, Nuits, Paray, Saulieu, Semur-en-Auxois, Vézelay et Vitteaux ; Visitations d'Autun, Avallon, Beaune, Bourbon-Lancy, Charolles, Moulins, Paray et Semur-en-Auxois, de 1611 à 1777.

Art. 628. — Monastères en général, de 1608 à 1777.

Art. 629-656. — Hôpitaux et léproseries d'Autun, Alise-Ste-Reine, Beaune, Bourbon-Lancy, Cercy, Charolles, Couches, Dracy-St-Loup, Fleury, Luzy, Moulins, Paray, Saffres, Semur-en-Auxois, Vitteaux, etc.; union des maladreries et léproseries et des consistoires aux hôpitaux, de 1152 à 1777.

Art. 657. — Evêché de Chalon. Procès de juridiction entre l'évêque et le chapitre, de 1682 à 1689.

Art. 658-680. — Archevêché de Lyon, de 1189 à 1740. Documents concernant la régale de Lyon exercée, l'archevêché vacant, par les évêques d'Autun, et la régale d'Autun, exercée dans les mêmes conditions par les archevêques de Lyon.

Ici s'arrête la partie du fonds de l'évêché d'Autun, inventoriée cette année ; elle se compose de 255 articles, formés de 550 pièces, parchemin, 3,776 pièces, papier, 46 registres ou cahiers composés de 5,266 feuillets, et 5 rouleaux de 31 m. 114 $^{m/m}$.

En ajoutant les chiffres donnés par le fonds du collège et la première partie de l'évêché à l'inventaire des archives hospitalières de Tournus et aux 32 articles de l'inventaire communal, rédigés en supplément aux séries E et H, on arrive, pour le travail d'inventaire de cette année, au chiffre considérable de 1,109 articles, 1,066 pièces parchemin, 21,325 pièces, papier, 488 registres ou cahiers composés de 29,626 feuillets et 5 rouleaux de 31 m. 144 $^{m/m}$.

Impression. — Il a été imprimé pendant le cours de cet exercice le chiffre notable de 31 feuilles d'inventaire sommaire (in-4º à double colonne), savoir : les feuilles 15-23 de la série G, 20 et 21 de la série H, 6-20 du supplément à la série E, archives communales de Tournus, et 1-5 du supplément à la série H, archives hospitalières de Tournus. Le crédit de 500 francs alloué seulement dans ce but ne me permettra pas pendant le prochain exercice de mener aussi activement l'impression de ces utiles répertoires.

Tables de l'Inventaire sommaire, série E, supplément. — Les tables des noms de lieux et de personnes des 20 feuilles de l'inventaire des archives communales de Tournus (357 articles) ont été relevées pendant cet exercice; la table des noms de matières va être prochainement entreprise.

VII

RECHERCHES ET EXPÉDITIONS.

Le chiffre des recherches et communications de documents, sur place ou avec déplacement pour les services administratifs, sur place pour les particuliers, s'est élevé pour cet exercice à 637.

Parmi les communications de documents historiques, je signalerai tout particulièrement, en dehors des travailleurs locaux, dont l'un, M. Bazin, a très assidûment et fructueusement fréquenté nos archives, les communications que j'ai faites à M. Guéneau, ancien sous-préfet, maire de Luzy (Nièvre), pour l'histoire de cette ville, et qui ont eu pour base le fonds de l'évêché d'Autun. Je citerai de même le fonds du prieuré de Couches, faisant également partie de la réintégration accomplie l'an dernier, et récemment inventorié, qui va être prochainement exploré par un érudit dijonnais, en vue de la publication du Cartulaire de Flavigny et des prieurés annexes.

On a vu plus haut que les documents autunois ne sont pas restés aux archives, sous le rapport du classement et de l'inventaire, dans une « bienheureuse oisiveté »; on voit qu'ils n'y restent pas non plus sous le rapport des communications, et que la réintégration légale, en amenant enfin l'inventaire de ces collections, aura pour effet de les rendre accessibles aux travailleurs du dehors.

J'ajouterai que, grâce aux facilités qui ont été accordées par l'Administration, MM. de Charmasse et de Fontenay, de la société Eduenne, ont pu dépouiller à loisir les registres de la Chambre des comptes et de la grèneterie du chapitre cathédral d'Autun, et l'un de leurs collègues, M. de Monard, un certain nombre de pièces du fonds d'Epinac, relatives à la famille Rolin. Ces documents, laissés temporairement à Autun, nous ont été successivement retournés.

Il a été délivré 78 volumes (Conseil général, comptes et budgets, etc.) et 5,953 numéros des actes administratifs en dépôt, comprenant notamment 2 collections adressées, conformément aux instructions ministérielles, pour la bibliothèque du Ministère de l'Intérieur et la Bibliothèque Nationale.

Une somme de 30 francs a été versée pour prix de 2 volumes de l'inventaire sommaire.

Expéditions. Il a été délivré 7 expéditions, formant 17 rôles, qui ont produit 12 fr. 75 c.

VIII

PERSONNEL.

Je suis toujours satisfait de mon premier employé, M. Poulalier, qui me seconde bien pour le service des archives modernes. Le Conseil général lui ayant accordé une augmentation aux deux dernières sessions budgétaires, je ne puis cette année solliciter à nouveau sa bienveillance pour lui. Je me contente de faire remarquer que son traitement, actuellement fixé à 1,000 francs, est évidemment insuffisant. Le Conseil l'a reconnu en se proposant de réunir à l'avenir sur un seul employé les deux traitements actuels d'auxiliaires. Cette modification ne me paraît pas susceptible d'être adoptée pour cette année: si le classement général des archives modernes est accompli, il y reste encore assez à faire pour occuper exclusivement un employé dont tout le temps serait absorbé s'il devait s'occuper des expéditions, des copies de dépêches et d'inventaires, ainsi que des menus travaux journaliers. C'était l'avis du Ministère de l'Intérieur dont j'ai cité la dépêche: « J'ai appris avec satisfaction que le « Conseil général avait voté la création d'un second poste d'auxi- « liaire pour le service des archives. Les travaux qui restent à opé- « rer pour la reconstitution des séries modernes et pour le classe- « ment définitif des fonds anciens *justifient amplement l'adjonction* « *d'un deuxième employé.* » Je demande donc, pour cette année, le maintien des deux emplois d'auxiliaires.

J'ajoute que le deuxième employé, M. Rambaud, s'est efforcé de faire oublier les irrégularités trop nombreuses qui avaient signalé ses débuts aux archives, et qu'il s'acquitte aujourd'hui de son service d'une manière satisfaisante. Il est spécialement chargé des copies et expéditions, ainsi que des menus travaux. Son traitement est bien modique, et je ne crois pas que dans les bureaux de la Préfecture il en existe d'aussi minime.

IX

CRÉDITS A INSCRIRE AU BUDGET.

Le sous-chapitre IX, tel qu'il a été voté l'année dernière par l'Assemblée départementale, s'élève à 5,370 francs, ainsi répartis :

Art. 1er. — Appointements du conservateur et des employés..................................	4.400 »
Art. 2. — Dépouillement des archives, achat de cartons, frais de bureau	470 »
Art. 3. — Publication de l'inventaire (circulaire du 12 août 1861)...................................	500 »
Total............	5.370 »

Ces chiffres forment le minimum strictement nécessaire au service.

Un quatrième article, s'élevant à 400 francs, a été demandé au Conseil général pour *inspection des archives communales et hospitalières*. C'était d'ailleurs la reproduction de l'allocation accordée à M. Michon, qui a été supprimée lorsque son traitement a été porté à 3,600 francs et n'a pas été rétablie lorsque le mien a été, au début de mes fonctions, ramené à l'ancien chiffre. L'insuffisance des ressources départementales n'a malheureusement pas permis de l'allouer, à deux séances budgétaires consécutives, malgré l'utilité incontestable de l'inspection rendue plus nécessaire en ce département par le long abandon des archives communales.

X

ARCHIVES DES SOUS-PRÉFECTURES.

En général, la situation des archives des Sous-Préfectures continue à présenter les mêmes irrégularités. A défaut des fonds nécessaires pour aménager les locaux et procéder à un classement définitif, M. le Ministre de l'intérieur avait prescrit, l'an dernier, à la suite de la tournée de M. l'Inspecteur général Servois, le triage de tous les documents antérieurs à 1852 et leur envoi aux archives départementales, cette opération devant singulièrement faciliter la mise en ordre des dépôts. La Sous-Préfecture de Louhans seule a exécuté à ce jour les prescriptions ministérielles et nous a envoyé trois caisses de papiers, dont deux énormes. Ces pièces, concernant l'administration communale, les affaires militaires, etc., ont été de suite incorporées dans leurs séries respectives. Les trois autres Sous-Préfectures n'ont rien envoyé, malgré des lettres de rappel, et ne paraissent pas très disposées à exécuter ce travail. Bien que les employés des Sous-Préfectures soient tenus, par leurs fonctions, au classement des archives, j'estime qu'il serait utile de leur accorder une rémunération quelconque pour ce travail extraordinaire.

Le Conseil général d'Indre-et-Loire, dans sa dernière session, a accordé aux employés chargés du triage, « la part revenant au « département dans la vente des papiers, qui ne saurait d'ailleurs « produire une somme considérable. » (Conseil général d'Indre-et-Loire, avril 1884. Rapport p. 127, Délib. p. 33). Il serait peut-être nécessaire, pour arriver à un résultat sérieux, d'imiter cette mesure, puisqu'il n'est pas possible d'allouer au budget le crédit spécial autrefois accordé dans ce but, et sans beaucoup de succès d'ailleurs, aux employés des Sous-Préfectures.

XI

BIBLIOTHÈQUE ADMINISTRATIVE ET BIBLIOTHÈQUE DES ARCHIVES.

J'écrivais l'an dernier, dans mon rapport : « La bibliothèque « administrative n'a encore ni classement systématique, ni numé- « rotage, ni catalogue véritable. Il ne pourra y être procédé qu'après

« le groupement définitif et complet des volumes qui s'effectue au
« fur et à mesure du classement du dépôt. » L'achèvement du
classement général des archives a permis cette année de s'occuper
de celui de la bibliothèque. Dans presque tous les dépôts départementaux on suit, comme ordre méthodique, une classification arbitraire, dite du ministère de l'intérieur, qui est employée un peu partout, sauf dans cette administration. Il m'a paru plus rationnel d'appliquer aux livres imprimés le cadre qui nous est imposé pour les documents administratifs, et de ranger la bibliothèque suivant l'ordre des séries K-Z. C'est ainsi, par exemple, que les comptes et budgets des divers départements ont été groupés et liassés sous la lettre N. Il sera facile, avec cette méthode, de trouver les documents, soit manuscrits, soit imprimés, relatifs à telle ou telle affaire, à telle et telle question.

Les divers imprimés départementaux conservés en nombre : actes administratifs, délibérations, comptes et budgets, ont été également rangés par ordre.

La bibliothèque des archives s'est accrue des volumes d'inventaire sommaire envoyés à titre d'échange par les départements, et de quelques ouvrages, notamment la Gazette archéologique, les inscriptions d'Autun (T. I.), par M. de Fontenay, et l'histoire des hôpitaux de Chalon, par M. Batault, provenant du dépôt légal.

A propos du dépôt légal, il me semble indispensable de soulever la question des journaux ; jusqu'à cette année, un exemplaire de chaque feuille périodique publiée dans le département était versé aux archives par le cabinet ; depuis quelques mois, les envois faits au ministère de l'intérieur ne laissent plus, du dépôt légal, que des collections incomplètes, et il existe maintenant de nombreuses lacunes dans les versements qui nous sont faits. Il est cependant absolument nécessaire de conserver aux archives une collection complète de la presse locale, et je demande qu'il soit obvié à ces lacunes, qui prépareraient pour l'avenir de sérieux et graves inconvénients, aucun autre dépôt du département ne formant une semblable collection.

Il me semblerait également utile de faire relier les dernières années (1876 et suivantes) du *Journal officiel* que j'ai dû me contenter de faire enliasser ; aucun crédit ne figurant dans ce but au budget des archives, il serait peut-être possible d'y pourvoir sur le crédit de 1,000 francs annuellement accordé pour achats et *reliures* d'ouvrages administratifs (sous-chapitre X, art. 1).

XII.

ARCHIVES COMMUNALES ET HOSPITALIÈRES.

A défaut de l'inspection des archives communales et hospitalières, je me suis efforcé d'améliorer par d'autres moyens l'état de ces dépôts, en ce qui concerne les archives administratives et les archives historiques.

1° Archives administratives.

Conformément aux dispositions de l'arrêté du 19 floréal an VIII, le récolement des archives et du mobilier des mairies doit être exécuté lorsque les maires cessent leurs fonctions ou lorsqu'ils ont été investis d'un nouveau mandat. Cette formalité si élémentaire et si utile pour sauvegarder la responsabilité de l'administrateur entrant et de l'administrateur sortant, et qui a pour conséquence de nécessiter un ordre réel et un classement sérieux des archives, était tombée en désuétude dans ce département. J'ai fait adresser à chaque municipalité trois exemplaires de formules imprimées, dont l'un devait être remis comme décharge au maire sortant, les deux autres étant destinés à être conservés à la mairie et à la préfecture. Je n'ai encore reçu à ce jour que les procès-verbaux d'un petit nombre de communes: dans les unes ils paraissent indiquer la régularité de l'inventaire; dans les autres, ils montrent les archives dans un regrettable état de misérable abandon et constatent que l'inventaire n'est pas tenu à jour ou même qu'il n'existe pas. Des mesures seront prises pour faire disparaître ces irrégularités.

2° *Archives historiques.*

En ce qui concerne les documents antérieurs à 1790, j'ai continué à me charger de l'inventaire sommaire de dépôts communaux et hospitaliers dans les localités où personne ne paraissait posséder les connaissances spéciales nécessitées par ce genre de travail.

Archives communales de Tournus.

Dans mon rapport du dernier exercice, je signalais l'achèvement de l'Inventaire sommaire des Archives communales de Tournus. Un tas de papiers, retrouvé dans un grenier de la mairie, a formé la matière du supplément suivant :

Série AA. articles 2-4, de 1623 à 1790. Privilèges et franchises ; privilégiés ; seigneurs de la ville : abbaye de Tournus, avec une copie de la bulle de sécularisation de 1623.

Série CC. art. 3-20. Comptes de la commune et pièces justificatives, de 1760 à 1790. — Art. 21. Impositions (1785).

Série DD. art. 8. Travaux publics (1768-1774).

Série EE. art. 6. Milice bourgeoise (1695-1716). — Art. 7. Registre des délibérations de la compagnie de l'Arquebuse de Tournus, de 1776 à l'an X. A signaler principalement les documents sur le grand prix de Beaune, qu'il y a lieu de rapprocher de la *relation* qu'en a donnée Courtépée.

Série FF. art. 10 et 11. Procédures (1672-1751). — Art. 12-16. Registre des délibérations et papiers du comité établi à Tournus, en 1789 et 1790, à l'occasion des désordres du Mâconnais. Ces documents serviront à compléter la notice partielle insérée par M. Gloria dans le tome XV des Annales de l'Académie de Macon et dans l'annuaire de Saône-et-Loire, pour l'année 1878, pp. 28-42.

Ce supplément complète l'Inventaire qui forme 20 feuilles in-4° d'impression à double colonne ; les tables des noms de lieux et des noms de personnes sont entièrement rédigées ; celle des noms de matières le sera incessamment, et j'espère pouvoir prochainement, aussitôt que les crédits affectés à l'impression auront permis d'imprimer l'introduction et les tables, distribuer ce volume qui, sans présenter des documents d'un intérêt considérable et primordial, ne sera pas sans fournir des matériaux à l'histoire locale, et, en raison du long dépouillement qu'il présente des registres de l'état civil, à la filiation des personnes. En voici le résumé :

Série AA. 4 articles. Privilèges et franchises, seigneurs, de 1623 à 1790.

Série BB. 53 articles. — Délibérations, de 1676 à 1790. — Officiers de ville, de 1654 à 1776.

Série CC. 21 articles. — Impositions, charges et dettes de la ville, de 1455 à 1791. — Comptabilité communale, de 1575 à 1790.

Série DD. 8 articles. — Propriétés communales, eaux et forêts, édifices, travaux publics, ponts et chaussées, voirie, de 1501 à 1780.

Série EE. 7 articles. — Affaires militaires, de 1682 à l'an X.

Série FF. 16 articles. — Justice, procédures, police, de 1381 à 1790.

Série GG. 238 articles. — Etat civil, de 1585 à 1792. — Clergé séculier et régulier, de 1293 au XVIIe siècle. — Collège, de 1631 à 1790.

Série HH. 8 articles. — Agriculture, industrie, commerce, de 1494 à 1772.

Série II. 2 articles. — Documents sur les familles Gordonnat et Mure, de 1686 à 1784.

Archives hospitalières de Tournus.

A côté de l'Inventaire des Archives de la mairie, doit se placer celui de l'hôpital, dépôt plus considérable, que j'ai entièrement inventorié pendant le cours de cet exercice, et dont 5 feuilles sont imprimées.

1ᵉʳ FONDS.

Hôpital ou Hôtel-Dieu de Tournus.

Série A. 3 articles, de 1672 à 1749. — Documents concernant l'établissement du nouvel hôpital en 1672, par le cardinal de Bouillon; confirmations royales. — Union des hôpitaux de Cuisery, Branges, Mervans, St-Gengoux et Buxy, ainsi que des maladreries de Plantequitte et Santilly. — Histoire de l'hôpital, écrite au XVIIIᵉ siècle, par Sauvajot, chantre de l'église collégiale de St-Philibert-de-Tournus, président du Conseil de l'Hôtel-Dieu.

Série B. 136 articles, de 1494 à l'an VII. — B. 1-26. Manuels, de 1533 à 1789. Sur le manuel de Gabuteau, B. 23, notes historiques reproduites sur son inventaire D. 3. — B. 27-36. Documents concernant les biens et droits : états et déclarations des propriétés et revenus, plans, privilèges d'amortissement et d'insinuation, aumône du Roi, droits sur l'abbaye et sur le sel, corées et boucherie de carême, droits de linceuls, de 1578 à l'an VII. — B. 37-81. Domaines, biens et droits de Tournus, l'Abergement-de-Cuisery, Baudrières, Branges, Buxy, Chandelux, Cuisery, Mâcon, Mancey, Marnay, Mervans, Montbellet, Plottes, Préty et Lacrost, Ratenelle, St-Gengoux et Santilly, Uchizy, le Villars, de 1542 à 1790. — B. 82-132. Dons et legs : Alloux, Jean et Philibert d'Ambronay, chanoines de St-Philibert, d'Azincourt, Bailly, Bernard, Blondel de Jouvancourt, Braissoud, Bureteau, Chappuis, Chavot, Chevrier, l'évêque de Coetlosquet, abbé de Tournus, Delaval, Deschamps, Desplain, Dezaraine, Dollier, curé de St-André de Tournus, Férotin, fondateur de l'hôpital de St-Julien (Sennecey), le cardinal de Fleury, abbé de Tournus, Gabuteau, Guichenon, chanoine, Guyonnet, Janinet, Jay, Juénin, chantre de St-Philibert, auteur d'une histoire de Tournus, Lachèze, de Lamet, Lespagnol, de Loisy, de Madot, évêque de Chalon, Mercier, Mérigot, Mitoud, Mongirod, doyen de St-Philibert, Monnier, de Montrevel, Mottet, Pâtissier, Paulmier, Prat, Prothelet, Ravet, Réty, Sauvajot, chantre de St-Philibert, Sauveur, chantre de St-Philibert, de Varenne, Verjus, curé de St-André, Vêtu, Viard, de 1586 à 1785.

— B. 133-136. Rentes, de 1494 à 1792. — Au folio CXLIIII et suivants du registre B. 134, est une notice manuscrite sur l'hôpital, faite en 1846 par M. Bompar, administrateur des hospices.

Série C. 1 article, de 1461 à 1777. — Matières ecclésiastiques : sépultures, chapelle, pierre teinte du sang de St-Valérien, etc.

Série D. 6 articles, de 1710 au XIXe siècle. Inventaires. — Je signale principalement l'inventaire D. 3, rédigé au XVIIIe siècle par le receveur économe Gabuteau, avec des additions diverses, notamment de M. Bompar ; j'ai soigneusement analysé dans l'inventaire, les notes historiques consignées par Gabuteau sur la mort du cardinal de Fleury, sur celle de Juénin, et autres événements tournusiens. Les articles D. 5 et 6 contiennent l'inventaire de M. Bompar. Cet administrateur, avec un zèle plus louable qu'heureux, a consacré bien du temps à un travail à peu près inutile : un classement fantaisiste opéré sur le papier, l'absence totale d'un ordre systématique et régulier, le manque complet d'analyses, la mise au rebut des pièces qu'il ne savait pas lire, la masse des documents entassés pêle-mêle comme « inutiles » dans le bas des armoires, tout m'a empêché de tirer de son inventaire le moindre profit ; j'ai dû le considérer comme nul et non avenu, et tout recommencer à nouveau. M. Bompar paraît avoir été un peu mieux inspiré pour les notes historiques sur l'hôpital, qu'il a consignées sur le registre B. 134 et sur l'inventaire Gabuteau.

Série E. 251 articles, de 1601 à 1790. — E. 1-4. Délibérations remontant à 1672, c'est-à-dire à l'organisation de l'hôpital. Le registre E. 1, de 1672 à 1706, porte comme titre : « *Premier livre secrétarial du conseil de l'hospital.* » Ces 4 registres sont pour l'histoire de cet établissement d'un intérêt primordial et ont été longuement analysés. — E. 5-7. Administration générale, personnel : recteurs, administrateurs, secrétaires, receveurs, économes, de 1643 à 1787. — E. 8-249. Comptabilité de l'hôpital, de 1601 à 1790. Volumineuse collection, où l'intérêt des documents n'est sans doute pas comparable à leur nombre, mais qui n'en fournit pas moins des matériaux, non seulement pour faire revivre le passé de l'établissement, mais pour servir à l'histoire économique des deux derniers siècles. Les comptes successifs se ressemblent beaucoup ; j'ai cherché à y relever les notes les plus intéressantes pour le prix comparatif des denrées, les dignitaires et les personnes, etc. — E. 250. Bâtiments, de 1613 à 1790. Remarquer les marchés concernant les constructions primitives ou successives faites à l'hôpital, et un marché relatif au collège d'Autun, en 1660, servant de terme de comparaison. — E. 251. Inventaires du mobilier, de la sacristie, de l'argenterie, etc., de 1672 à 1738.

Série F. 9 articles, de 1674 à 1812. — Registres d'entrées et sorties des personnes admises dans l'établissement, de 1675 à 1812; documents concernant les malades et les hospitalières, de 1674 à 1791.

Série G. 1 liasse, de 1703 à 1704. — Enfants abandonnés.

Série H. 151 articles, de 1521 à 1787. — Papiers d'administrateurs, donateurs et autres, provenant de: d'Ambronay, Amyot, Barbier, Bernard, Bouvier, Bureteau, Cercilly, Chappuis, Cointet, Delaforêt, Desplain, Dupuis, Durand, Le Gros, Guichenon, Guillermin, Jacquet, Janinet, Lachèze, Lanbriot, Laumonnière, Machoud, Magnon, Martin, Mazoyer, Mitoud, Paillot, Paulmier, Raverot, Réty, Romané, Saint-Cyr, Sauvajot, Sauveur, Vatron, Vauriot, Verjus. Remarquer les papiers laissés par les Réty, notaires et commissaires à terrier, à Uchizy; à côté des papiers personnels de famille, de finance, de procédures, se trouvent d'un côté les pièces concernant l'office de notaire et les minutes d'actes, avec des documents concernant la communauté d'Uchizy; de l'autre, les papiers laissés par les travaux de commissaire à terrier, minutes de terriers, documents y relatifs, titres concernant les droits, rentes, cens, etc., de: la Barre; — Beaumont, pour la marquise de Louvois; — Boyer, pour le chapitre de St-Vincent-de-Chalon; — Buxy, Montbellet, Prondeveau et Massenay, dépendant de Verdenay, et Rougepont, lesdites seigneuries dépendant de la commanderie de Chalon; — Chardonnay, pour le chapitre cathédral de Chalon; — Charnaille, pour Jacques de Mucie, conseiller au Parlement de Bourgogne; — les Ecuyers, pour dame Philiberte Morel, femme de Jean Bernard, écuyer, seigneur de Châtenay et prévôt d'Uchizy, conseiller au bailliage de Mâcon; — Germolles, rière Uchizy; — le terrier Lapyat, pour Philibert Bernard, seigneur de Lavernette; — la Tour de Lux, pour le marquis de Louvois; — Lys, pour Georges Giraud, baron de Montbellet; — la commanderie de Mâcon; — Marfontaine; — Marigny, pour Thomas Perrier, seigneur de Marigny et Viré en partie; — le

Molin d'Aveyne, paroisse de Vers, pour Jean Bureteau, seigneur de Jugy ; — Montagny, pour le chapitre de St-Vincent de Chalon ; — Montregard, pour M. de Fautrières ; — Ozenay et Grattay ; — le prieuré de Ratenelle ; — Ruffey, pour la conseillère Bernard ; — le prieuré de St-Laurent-lès-Chalon ; — Sigy ; — Tramayes, pour M. de Bullion, seigneur dudit lieu ; — Uchizy, pour Fleury, ancien évêque de Fréjus, précepteur du Roi, abbé de Tournus ; — autre d'Uchizy, pour Jean Bernard, conseiller au bailliage de Mâcon, prévôt d'Uchizy ; — Villeneuve, pour le marquis d'Uxelles ; — Vérizet, pour l'évêque de Mâcon ; — la Salle-Manziat, pour Jacques de Mucie ; — la seigneurie de Montbellet ; — le prieuré du Puley, appartenant à l'abbaye de Lancharre, etc.— A côté de ce fonds doit être placé celui qui provient du legs Paulmier : titres et documents concernant les biens, les familles et le prieuré du Villars, l'église de St-André de Tournus, Claude Paulmier ayant été fermier de ses revenus et Jean Paulmier fabricien, et surtout la ville de Tournus. Avant la création des maires, la communauté de ce lieu (toute entre les mains de l'abbé dont le bailli présidait, dans l'auditoire abbatial, aux assemblées de ville) ne possédait pas à proprement parler d'archives ; les comptes restaient, après l'apurement, entre les mains d'un des comptables ; de là, dans les papiers Paulmier, que M. Bompar entassait sous la condamnation *papiers inutiles*, d'intéressants comptes et papiers de finance du XVIIe siècle, époque où les archives communales n'en présentent aucun. D'autres documents analogues se retrouvent, notamment dans les dossiers Bernard, Bureteau, Machoud, et présentent même 3 feuillets du registre de délibérations BB. 1 des archives communales, conservés je ne sais comment par les archives de l'hôpital. Je les ai fait réunir au volume dont ils avaient été distraits. — Remarquer également les dossiers provenant de d'Ambronay, Cerilly, Guichenon, Raverot, Sauvajot, Sauveur chanoines de St-Philibert de Tournus, Verjus, curé de St-André, un livre de banquiers en cour de Rome, établis à Lyon, provenant de la bibliothèque du chapitre de Tournus, dont il porte l'*ex libris* armorié : EX BIBLIOTHECA CAPITULI | *Insignis Ecclesiæ Regiæ* | Abbatialis Et Collegiatæ | *Sancti* PHILIBERTI | *Trenorchiensis*, etc., etc.

2ᵉ FONDS.

Charité de Tournus.

Les séries A, B, E, F, G, seules représentées.

A. 1 article de 1707 à 1720, relatif à l'établissement et à la confirmation de la Charité.

B. 15 articles, de 1558 à l'an VII, relatifs aux biens et droits ; états et journaux ; recette manuelle ; domaines ; dons et legs Alloux, Bérardan, Bonne, Coetlosquet, Dupont, Guillermin, Pautet, Ruffy, Souris ; rentes.

E. 7 articles, de 1687 à l'an VIII ; délibérations de 1765 à 1790, administration générale, règlements ; comptabilité ; bâtiments.

F. 1 article, 1764, relatif à l'introduction dans l'établissement de la Congrégation des filles de la Charité.

G. 1 article, de 1735 à 1736, relatif à l'école.

3ᵉ FONDS.

Hôpital de Branges.

Les séries B, C, D, seules représentées.

Série B. 9 articles, de 1514 à 1692. Manuels des chapelles de l'hôpital et de St Thomas d'Aquin de Branges, fondées par Philiberte de St-Trivier, dame de Lugny et de Branges ; documents concernant la réunion de l'hôpital à l'ordre de St-Lazare ; titres et baux de biens et droits.

Série C. 1 article, de 1659 à 1660. — Provisions de la chapelle.
Série D. 1 article, de 1514 à 1676. — Inventaires.

4ᵉ FONDS.

Hôpital de Buxy.

1 seul article, série B, 1676, relatif aux biens.

5ᵉ FONDS.

Hôpital de Cuisery.

1 seul article, série B, de 1670 à 1696, relatif aux biens.

6° FONDS.

Hôpital de Mervans.

1 seul article, série B, de 1691 à 1696, relatif aux biens.

7° FONDS.

Hôpital de St-Gengoux.

La série B seule représentée. 12 articles, de 1415 à 1702 : 5 terriers. 5 recettes incorporées ; documents concernant la réunion à l'ordre de St-Lazare, ainsi que les biens et droits.

8ᵉ FONDS.

Maladrerie de Plantequitte, à Santilly.

La série B seule représentée. 3 articles, de 1429 à 1687 : terrier, documents concernant les biens et droits.

En résumé, les archives hospitalières de Tournus remontent à 1415 ; elles se composent de 8 fonds, formant **612** articles, contenant 168 pièces parchemin, 15,897 pièces papier et 263 registres ou cahiers composés de 15,740 feuillets.

Le supplément de l'inventaire de la mairie, rédigé cette année, se compose de 32 articles : 1 pièce parchemin, 744 pièces papier, 14 registres ou cahiers composés de 326 feuillets.

Après l'achèvement de ce long travail consacré aux deux dépôts tournusiens, j'ai entrepris l'inventaire des archives de la mairie et de l'hôpital de Sennecey-le-Grand, arrondissement de Chalon. Je me suis rendu à Sennecey pour trier les documents antérieurs à 1790, et j'en ai commencé, à Mâcon, l'analyse. J'en rendrai compte dans mon prochain rapport. J'ai l'intention, après avoir terminé ce travail, de me charger de l'inventaire des archives hospitalières de Chagny, même arrondissement. Je suis d'ailleurs à la disposition des communes et établissements hospitaliers qui ne peuvent faire classer sur place, faute de connaissances nécessaires, leurs documents antérieurs à 1790. Les titres me sont envoyés à Mâcon et sont retournés avec un inventaire sommaire approuvé par le Ministère de l'Instruction publique ; les communes et hôpitaux n'ont à supporter que les frais insignifiants du transport et reçoivent un travail indispensable, non seulement pour leur histoire, mais encore pour leurs intérêts financiers et actuels. Il est nécessaire d'ailleurs d'inventorier et de divulguer les documents conservés dans les archives rurales, auxquelles chaque jour amène une destruction, et j'ai l'intention de commencer la collection d'un supplément général aux séries E et H, comprenant l'analyse et l'inventaire des dépôts communaux et hospitaliers qui ne pourraient fournir la matière d'un volume spécial.

En dehors des travaux exécutés par le service des archives départementales, l'état des dépôts du département semble être resté le même.

A Autun, les archives de la mairie et celles de l'hôpital sont toujours dans l'état que j'ai signalé : point de classement réglementaire, point d'inventaire sommaire imprimé. L'hôpital a un ancien classement où il serait nécessaire d'opérer des remaniements avant de rédiger l'inventaire ; quant à la mairie, une partie des documents ont été inventoriés à la fin du siècle dernier sous la direction de l'échevin Leseure. Rien n'a été fait depuis lors. Autun est cependant, de toutes les villes du département, celle qui offre le plus de ressources pour un travail de ce genre, et j'estime que de nouveaux efforts doivent être faits auprès de la municipalité et de la commission administrative pour qu'un bon travail vienne enfin mettre en lumière ces intéressants dépôts.

CLUNY. Le secrétaire de la mairie a été chargé du classement et de l'inventaire des archives communales et hospitalières ; le dépôt de la mairie, décapité des plus importants et des plus anciens documents *municipaux* par la vente faite en 1881 à la Bibliothèque nationale, n'en conserve pas moins de précieux registres de délibérations, des comptes remontant au XVIe siècle, des registres d'état civil et autres documents d'un réel intérêt. L'importance qui s'attache à Cluny nécessite absolument la publication d'un inventaire détaillé et rédigé avec soin. Il ne semble pas que le travail ait été entrepris. Il offre, d'ailleurs, de sérieuses difficultés à toute personne ne possédant pas les connaissances spéciales.

CHALON. Les archives de l'hôpital ont fourni à M. Batault les éléments de son histoire de cet établissement publiée cette année. Ce travail, s'il suffit pour montrer l'intérêt du dépôt, ne saurait évidemment tenir lieu d'un inventaire. M. Millot, bibliothécaire de Chalon, auteur de l'*Inventaire des Archives communales*, paraît tout désigné pour le dépôt hospitalier.

MACON. Les instructions ministérielles prescrivant la rédaction d'un supplément à l'inventaire publié en 1878, en ce qui concerne les documents de la section de St-Clément réunie au chef-lieu, ont été transmises à la municipalité. Ce travail peu considérable ne semble pas avoir été exécuté. Il existe aussi d'autres documents non compris à l'inventaire, par exemple un registre de la commission de police établie en 1789 lors des troubles du Mâconnais. Il serait également nécessaire de publier des additions et des compléments à l'inventaire pour les documents analysés d'une manière insuffisante, surtout la collection des délibérations communales remontant au XIVe siècle.

Le service des archives communales et hospitalières ne pourra être convenablement organisé que par l'établissement régulier et définitif de l'inspection, qui fonctionne dans presque tous les départements et a donné partout d'excellents résultats. C'est le seul moyen qu'ait l'archiviste départemental pour s'employer efficacement à l'organisation de cette partie du service.

Tel est, Monsieur le Préfet, le compte-rendu sommaire de la troisième année de ma gestion ; j'ai l'espoir qu'il vous donnera une idée satisfaisante des travaux qui ont marqué cet exercice et qui ont bien avancé la réorganisation d'un dépôt reçu il y a trois ans dans de si déplorables conditions ; le Ministère de l'Intérieur, M. l'Inspecteur général des archives, comme le Conseil général, ont constaté, au début de ma gestion, l'état de complet désordre du dépôt. J'insiste cette année encore pour que l'Assemblée départementale veuille bien charger quelques-uns de ses membres de visiter nos collections ; il sera facile de constater que notre dépôt est maintenant véritablement digne du nom d'archives et qu'il est en état de répondre efficacement et sûrement aux légitimes exigences de l'Administration et du public. Si l'on n'en a pas toujours bien compris l'importance, s'il a été trop longtemps en butte à l'indifférence ou en proie à l'incurie, si l'on n'y a vu parfois qu'un amas inutile de fastidieuses paperasses, on le considère peu à peu, à mesure des services rendus, comme une collection unique d'inappréciables documents, conservant avec les titres du présent et les enseignements de l'avenir, les vieux souvenirs poudreux et séculaires du passé.

Veuillez agréer, Monsieur le Préfet, l'expression de mon respectueux dévouement.

L'Archiviste du département,
Inspecteur des Archives communales et hospitalières,

ARMAND BÉNET

Ancien élève de l'Ecole des Chartes et de l'Ecole des Hautes Etudes,
Correspondant du Ministère de l'Instruction publique.

www.ingramcontent.com/pod-product-compliance
Lightning Source LLC
Chambersburg PA
CBHW060526050426
42451CB00009B/1186